MAIRIE DE VERSAILLES

HYGIÈNE PUBLIQUE

ARRÊTÉ PORTANT RÈGLEMENT

POUR LE

SERVICE DE LA DÉSINFECTION

Exécution de l'article 7 de la loi du 15 Février 1902
relative à la protection de la santé publique

VERSAILLES

IMPRIMERIE AUBERT

6, avenue de Sceaux.

—

1910

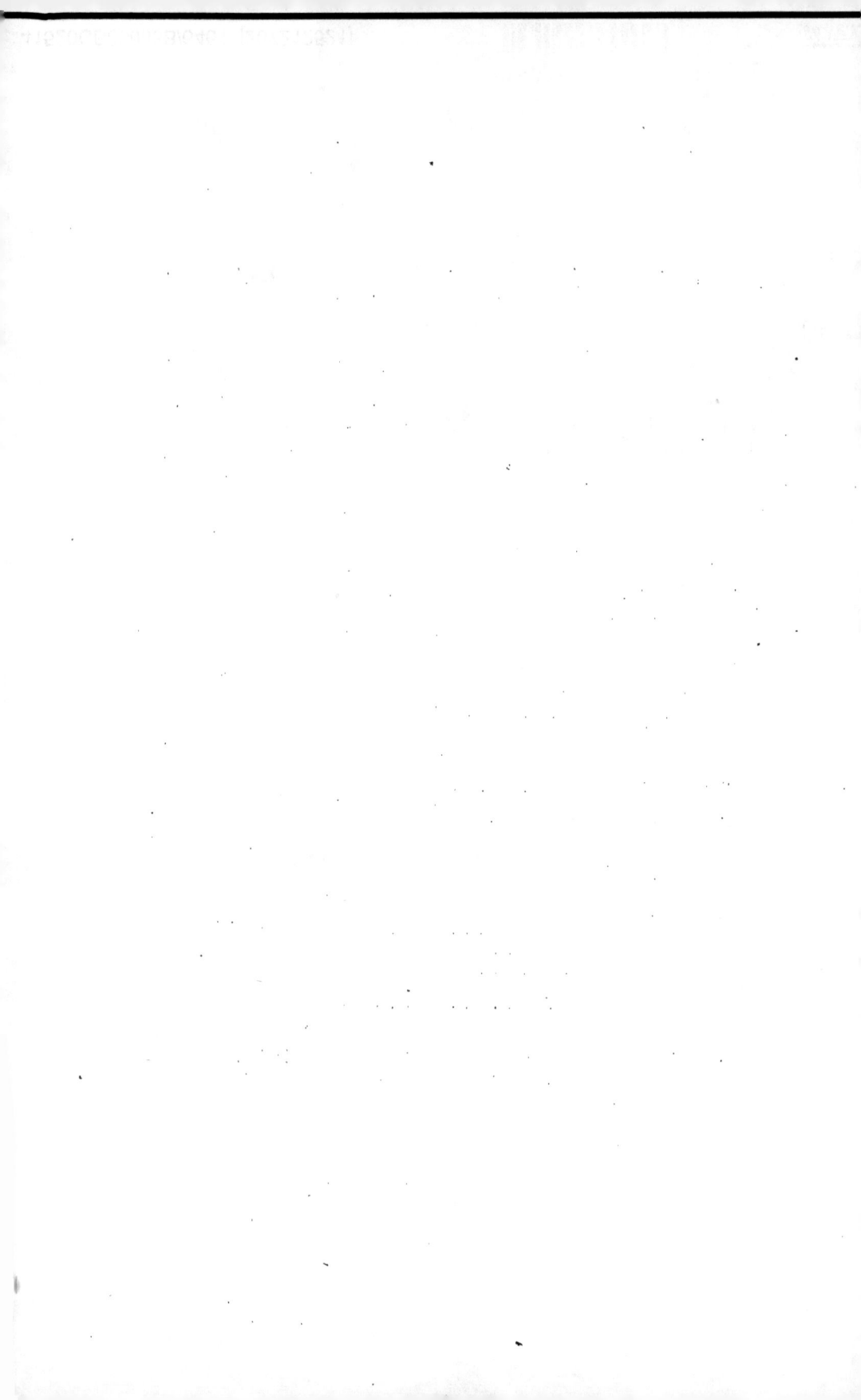

MAIRIE DE VERSAILLES

HYGIÈNE PUBLIQUE

ARRÊTÉ PORTANT RÈGLEMENT

POUR LE

SERVICE DE LA DÉSINFECTION

Exécution de l'article 7 de la loi du 15 Février 1902
relative à la protection de la santé publique

VERSAILLES

IMPRIMERIE AUBERT

6, avenue de Sceaux.

—

1910

MAIRIE DE VERSAILLES

HYGIÈNE PUBLIQUE

ARRÊTÉ PORTANT RÈGLEMENT

POUR LE

SERVICE DE LA DÉSINFECTION

Exécution de l'article 7 de la loi du 15 Février 1902
relative à la protection de la santé publique

*Extrait du Registre des Délibérations du Conseil municipal
de la Ville de Versailles.*

Séance du 28 Juin 1909.

L'an 1909, le lundi 28 juin, à huit heures un quart du soir, le Conseil municipal s'est réuni à l'Hôtel de Ville, sur la convocation et sous la présidence de M. Baillet-Réviron, maire.

Le procès-verbal de la séance précédente est adopté après lecture.

L'appel nominal constate la présence de vingt-sept conseillers sur trente-deux.

M. Voillaume est nommé Secrétaire.

HYGIÈNE

Projet d'arrêté portant règlement pour le service de la désinfection.

Le Conseil,

Vu la loi municipale du 5 avril 1884 ;

Vu la délibération du Conseil municipal du 8 mai 1893 ;

Vu la loi du 15 février 1902, sur la protection de la santé publique ;

Vu le décret du 10 février 1903, portant désignation des maladies auxquelles sont applicables, en vertu de l'article 4, les dispositions de la loi du 15 février 1902;

Vu le décret du 7 mars 1903, portant règlement d'administration publique sur les appareils de désinfection;

Vu le décret du 3 juillet 1905;

Vu la circulaire ministérielle du 23 mars 1906, sur les attributions obligatoires du Bureau d'hygiène;

Vu le décret du 10 juillet 1906, sur les conditions d'organisation et de fonctionnement du service de la désinfection;

Vu le règlement sanitaire du 23 juillet 1906;

Vu l'arrêté municipal du 4 novembre 1907, portant règlement sur le fonctionnement du Bureau municipal d'hygiène, approuvé le 3 décembre 1907;

Vu le rapport de M. le Directeur du Bureau d'hygiène;

Vu le rapport de la Commission municipale d'hygiène;

Considérant que le service municipal de la désinfection fonctionne d'une façon normale à Versailles, mais qu'il y a lieu de le mettre en harmonie avec les nouvelles prescriptions de la loi;

DÉLIBÈRE :

Est approuvé dans son ensemble le projet d'arrêté ci-annexé, portant règlement pour le service de la désinfection.

Pour extrait :

Le Maire de Versailles,
BAILLET-RÉVIRON.

Extrait du Registre des Délibérations du Conseil municipal de la Ville de Versailles.

Séance du 13 Décembre 1909.

L'an 1909, le lundi 13 décembre, à huit heures un quart du soir, le Conseil municipal s'est réuni à l'Hôtel de Ville, sur la convocation et sous la présidence de M. Baillet-Réviron, maire.

Le procès-verbal de la séance précédente est adopté après lecture.

L'appel nominal constate la présence de vingt-cinq conseillers sur trente-deux.

M. Gallois est nommé Secrétaire.

HYGIÈNE

Modifications à l'arrêté portant règlement pour le service de la désinfection approuvé par le Conseil municipal dans sa séance du 28 juin 1909.

Le Conseil,

Vu la loi municipale du 5 avril 1884;

Vu la délibération du Conseil municipal du 8 mai 1893;

Vu la loi du 15 février 1902, sur la protection de la santé publique;

Vu le décret du 10 février 1903, portant désignation des maladies auxquelles sont applicables, en vertu de l'article 4, les dispositions de la loi du 15 février 1902;

Vu le décret du 7 mars 1903, portant règlement d'administration publique sur les appareils de désinfection;

Vu le décret du 3 juillet 1905;

Vu la circulaire ministérielle du 23 mars 1906, sur les attributions obligatoires du Bureau d'hygiène;

Vu le décret du 10 juillet 1906, sur les conditions d'organisation et de fonctionnement du service de la désinfection;

Vu le règlement sanitaire du 23 juillet 1906;

Vu l'arrêté municipal du 4 novembre 1907, portant règlement sur le fonctionnement du Bureau municipal d'hygiène approuvé le 3 décembre 1907 ;

Vu le rapport du Directeur du Bureau d'hygiène ;

Vu le rapport de la Commission municipale d'hygiène ;

Vu la délibération du Conseil municipal en date du 28 juin 1909 ;

Vu l'extrait du procès-verbal du Conseil d'hygiène départemental en date du 29 juillet 1909 ;

Vu la dépêche de M. le Président du Conseil, Ministre de l'Intérieur, en date du 23 août 1909 ;

Vu la dépêche de M. le Préfet de Seine-et-Oise, en date du 2 septembre 1909 ;

Le Directeur du Bureau d'hygiène et la Commission municipale d'hygiène consultés à nouveau ;

Considérant qu'il y a lieu d'apporter au projet d'arrêté portant règlement pour le service de la désinfection les modifications demandées par M. le Président du Conseil, Ministre de l'Intérieur, dans sa dépêche du 23 août 1909 ;

Délibère :

Est approuvé dans son ensemble le projet d'arrêté ci-annexé, portant règlement pour le service de la désinfection avec les modifications apportées par la Commission municipale d'hygiène dans sa séance du 30 novembre 1909.

Pour extrait :

Le Maire de Versailles,

BAILLET-RÉVIRON.

HYGIÈNE

ARRÊTÉ PORTANT RÈGLEMENT

POUR LE

SERVICE DE LA DÉSINFECTION

Le Maire de Versailles,

Vu la loi municipale du 5 avril 1884;

Vu la délibération du Conseil municipal du 8 mai 1893;

Vu la loi du 15 février 1902, sur la protection de la santé publique;

Vu le décret du 10 février 1903, portant désignation des maladies auxquelles sont applicables, en vertu de l'article 4, les dispositions de la loi du 15 février 1902;

Vu le décret du 7 mars 1903, portant règlement d'administration publique sur les appareils de désinfection;

Vu le décret du 3 juillet 1905;

Vu la circulaire ministérielle du 23 mars 1906, sur les attributions obligatoires du Bureau d'hygiène;

Vu le décret du 10 juillet 1906, sur les conditions d'organisation et de fonctionnement du service de désinfection;

Vu le règlement sanitaire du 23 juillet 1906;

Vu l'arrêté municipal du 4 novembre 1907, portant règlement sur le fonctionnement du Bureau municipal d'hygiène, approuvé le 3 décembre 1907;

Vu le rapport de M. le Directeur du Bureau d'hygiène;

La Commission municipale d'hygiène consultée;

Vu la délibération du Conseil municipal en date du 28 juin 1909;

Vu l'avis du Conseil départemental d'hygiène en date du 29 juillet 1909;

Vu la dépêche de M. le Président du Conseil, Ministre de l'Intérieur, en date du 23 août 1909;

Vu la délibération du Conseil municipal en date du 13 décembre 1909;

Arrête :

TITRE PREMIER

Organisation générale.

Article premier.

Le service municipal de désinfection existant déjà dans la ville de Versailles est réorganisé conformément aux prescriptions de la loi du 15 février 1902. Ce service est strictement limité à l'ensemble de la commune de Versailles et fonctionne sous l'autorité du Maire et sous la direction du Bureau d'hygiène.

Il est installé à l'Hôpital civil, dans un nouveau local spécialement aménagé.

Il est muni : d'une étuve mobile au formol; d'une grande étuve fixe au formol; de formolateurs et d'appareils de lessivage.

Le personnel comprend, outre le Directeur, un chef de poste et deux agents désinfecteurs.

Art. 2.

Chaque semestre, le Maire transmet au Préfet un rapport détaillé sur les opérations du service.

TITRE II

Fonctionnement.

Art. 3.

Dès que le Maire a reçu la déclaration (Bureau d'hygiène) que comporte l'une des maladies mentionnées à la première partie de la liste arrêtée par le décret du 10 février 1903, il avertit le chef de poste du service de la désinfection.

S'il est avisé de l'existence de l'une de ces maladies et qu'il n'y ait pas de médecin traitant, il envoie le médecin, Directeur du Bureau d'hygiène, et prend ensuite, sur la déclaration de celui-ci, les mesures utiles.

Art. 4.

Toutes les opérations de désinfection sont effectuées par le service public, sous les réserves indiquées aux articles 6 et 9.

Art. 5.

Le chef de poste se présente aux lieux où se trouve le malade et s'adresse, en vue de l'exécution des mesures à prendre, au principal occupant, chef de famille ou d'établissement des locaux où se trouve le malade, et, à son défaut, dans l'ordre ci-après : au conjoint, à l'ascendant, au plus proche parent du malade ou à toute autre personne résidant avec lui, ou lui donnant ses soins.

Il remet à la personne ci-dessus désignée une note rappelant l'obligation de la désinfection et reproduisant les pénalités prévues par la loi, et le tarif de la désinfection. Il se met à sa disposition pour l'exécution des mesures indispensables.

Ces mesures, pendant le cours de la maladie, concernent essentiellement la désinfection des linges contaminés ou souillés et des déjections ou excrétions ; elles ne peuvent constituer une intervention quelconque dans le traitement du malade.

Art. 6.

La personne à qui a été remise la note prévue par l'article précédent peut, en vertu de l'article 14 du décret du 10 juillet 1906, exécuter ou faire exécuter elle-même la désinfection, à la condition de prendre, sur une formule qui est mise à sa disposition par l'agent, l'engagement :

1° De se conformer exactement, pendant le cours de la maladie, aux instructions du Conseil supérieur d'Hygiène publique de France, approuvées par le Ministre de l'Intérieur, dont un exemplaire lui sera remis ;

2° De se soumettre, dans l'exécution des mesures prises, au contrôle de l'agent du service public, qui ne pourra se présenter au domicile du malade plus d'une fois par jour ;

3° D'avertir sans délai le Maire, le cas échéant, du transport du malade hors de son domicile ;

4° D'aviser le Maire de la première sortie du malade après sa guéri-son, en vue de l'application des prescriptions de l'article 7 ci-après.

ART. 7.

En cas de transport du malade hors de son domicile, après la gué-rison, ou en cas de décès, au cours ou à la suite d'une des maladies mentionnées à la première partie de la liste arrêtée par le décret du 10 février 1903, la désinfection totale des locaux occupés personnel-lement par le malade et des objets qui ont pu être contaminés pendant la maladie doit être opérée sans délai.

ART. 8.

Le Maire, prévenu soit par l'avis donné en exécution des para-graphes 3 et 4 de l'article 6, soit par la déclaration du décès, informe le chef de poste de la désinfection, qui adresse à la personne désignée à l'article 5 un avis faisant connaître au moins douze heures à l'avance le moment où il sera procédé aux mesures de désinfection, si cette désinfection doit être opérée par le service public. Un pareil avis est adressé, en cas de décès, aux héritiers, s'ils habitent la commune et s'ils sont connus de l'Administration.

Le délai de douze heures ci-dessus pourra être abrégé par une dé-cision motivée du Maire.

A défaut d'une des personnes énumérées à l'article 5 et en l'absence des héritiers, le Maire prend les mesures nécessaires pour que les objets contenus dans le local à désinfecter ne soient ni détournés, ni dété-riorés.

ART. 9.

Sauf le cas d'urgence constaté par un arrêté du Maire, les personnes énumérées à l'article 5 du présent règlement ou les héritiers peuvent, en vertu de l'article 17 du décret du 10 juillet 1906, exécuter ou faire exécuter, par leurs soins, la désinfection à la condition de prendre par écrit, sur la formule qui leur est remise, l'engagement :

1° De faire opérer la désinfection sans délai et conformément aux instructions du Conseil supérieur d'Hygiène publique de France, approu-vées par le Ministre de l'Intérieur, dont un exemplaire lui sera remis;

2° De prévenir au moins douze heures à l'avance le chef de poste du moment où l'opération doit avoir lieu;

3° De se soumettre, dans l'exécution des mesures prises, au contrôle de l'agent du service public, qui s'assurera sur place si les opérations sont exécutées dans les conditions techniques formulées par le Ministre de l'Intérieur après avis du Conseil supérieur d'Hygiène publique de France, et spécialement quand il est fait usage d'appareils, s'ils fonctionnent dans les conditions imposées par le certificat de vérification prévu au décret du 7 mars 1903.

Art. 10.

S'il résulte des constatations faites par les agents que les engagements pris, en vertu des articles 6 et 9 du présent règlement, n'ont pas été tenus ou que la désinfection a été opérée par les particuliers ou par leurs soins d'une façon insuffisante, le Maire prescrit immédiatement l'exécution par le service public des mesures indispensables.

Art. 11.

Si, au cours de la désinfection, la destruction d'un objet mobilier est jugée nécessaire par le service, il peut y être procédé sur l'ordre du Maire.

Art. 12.

Il est dressé un état descriptif et estimatif des objets à détruire par le chef de poste ou l'agent qui s'est rendu à domicile, contradictoirement avec le propriétaire de l'objet ou l'une des personnes désignées à l'article 5. Cette personne peut être remplacée par un héritier s'il s'agit d'une désinfection après décès. En cas de refus d'une des personnes énumérées ci-dessus de concourir à la rédaction de l'état, ou en cas d'impossibilité de le dresser contradictoirement, le chef de poste ou l'agent mentionne l'une ou l'autre de ces causes dans un procès-verbal auquel il joint l'état dressé par lui seul.

L'état et, s'il y a lieu, le procès-verbal sont déposés à la Mairie. Si une indemnité est réclamée, la demande est adressée au Maire.

Art. 13.

Si le Maire reçoit la déclaration d'une des maladies mentionnées à la seconde partie de la liste arrêtée par le décret du 10 février 1903, il avertit le chef de poste, lequel est tenu de se mettre immédiatement à la disposition du malade ou de sa famille pour assurer la désinfection dans les conditions prescrites par le Conseil supérieur d'Hygiène publique.

TITRE III

Taxes et tarifs.

Art. 14.

Le tarif est arrêté, conformément au décret du 10 juillet 1906, à 2 p. 100 de la valeur locative de l'ensemble des locaux d'habitation dont dépend la pièce occupée par le malade.

Si la taxe à percevoir en vertu de ce tarif dépasse 30 francs par pièce soumise à la désinfection totale, elle est réduite d'office à ce maximum.

La taxe est unique pour l'ensemble des opérations jusqu'à concurrence de 30 francs, quels que soient le nombre et la nature des locaux et objets se rattachant à la pièce occupée par le malade, celle-ci considérée comme base de perception.

Art. 15.

La taxe est applicable quel que soit le mode de désinfection des locaux ou des objets qu'ils renferment, que ces derniers soient désinfectés sur place ou au dehors.

Elle comprend l'ensemble des opérations occasionnées par la même maladie; néanmoins, si la maladie excède une période de six mois, la taxe ne comprend que les opérations effectuées au cours de cette période; elle est renouvelable pour chaque période nouvelle de six mois; elle comprend également les frais de transport.

Art. 16.

Dans le cas où la désinfection des objets est demandée indépendamment de celle des locaux, la taxe est réduite à la moitié de ce qu'elle eût été si la désinfection avait porté également sur le local ayant renfermé les dits objets, soit 1 p. 100 de la valeur locative.

Art. 17.

Sur la demande des intéressés, le service peut effectuer de nuit la désinfection totale prévue par l'article 7 du présent règlement.

Dans ce cas, l'opération donne lieu à une redevance supplémentaire montant à 50 p. 100 de la taxe.

Art. 18.

Pour la désinfection des chambres d'hôtels garnis, ainsi que des loges de concierges, des chambres de domestiques et des chambres individuelles d'ouvriers logés chez leurs patrons, lorsque ces logés ou chambres font partie d'une habitation collective, la taxe est réduite à une somme fixe de 5 francs. .

Art. 19.

La désinfection est gratuite pour les indigents inscrits au Bureau de Bienfaisance ou reconnus indigents par le dit Bureau, après enquête.

La gratuité pourra aussi être accordée par le Maire aux familles qui ont un loyer inférieur à 400 francs, et cela à charge par elles de fournir un bon de désinfection délivré par un médecin.

Art. 20.

Le tarif pour la désinfection dans les établissements charitables ou scolaires est de 5 francs pour les locaux d'habitation et, pour les locaux scolaires ou hospitaliers proprement dits, le tarif est basé sur le volume des pièces désinfectées, soit à 2 francs par 30 mètres cubes.

Art. 21.

Ces taxes sont dues par le malade ou, en cas de décès, par ses héritiers. Toutefois, dans les cas visés à l'article 18, elles sont dues par les gérants, propriétaires, maîtres ou patrons.

Dans le cas où il s'agit d'établissements charitables ou scolaires, elles sont à la charge de ces établissements.

Art. 22.

Le tarif appliqué aux opérations de désinfection totale dans les cas autres que ceux qui entraînent une obligation légale est le tarif ordinaire, c'est-à-dire le 2 p. 100 de la valeur locative.

Art. 23.

Le tarif adopté pour la désinfection partielle dans les cas autres que ceux entraînant l'obligation légale est le suivant :

1° Matelas . . . . 2 fr. »
2° Edredons. 2   »
3° Traversin ou oreiller. 0   50
4° Enveloppe de paillasse et d'oreiller 0   30
5° Couverture. 0   50
6° Paire de draps de lit. 1   »
7° Grands rideaux, objets de tenture, ciels de lit, la
    pièce 0   50
8° Grands rideaux de lit, la paire 2   »
9° Vêtements d'hommes, complet 2   »
10° Vêtements de femmes, complet. 1   »
11° Menus objets, mouchoirs, serviettes, bas, chemises,
    etc., pièce. 0   10

Tous les objets non compris dans la nomenclature ci-dessus sont tarifés, par assimilation, d'après les mêmes bases.

Art. 24.

Le transport des objets à désinfecter et des objets désinfectés, dans les cas prévus aux articles 22 et 23, sera fait par le personnel de ce service et à l'aide de voitures spéciales; il sera compté à part, à raison de 2 francs par voyage, quel que soit le nombre d'effets contenus dans une voiture.

Art. 25.

Le Directeur du Bureau d'Hygiène est chargé de l'exécution du présent règlement.

A l'Hôtel de Ville, le 13 décembre 1909.

Le Maire de Versailles,
BAILLET-RÉVIRON.

Vu et approuvé :

Versailles, le 8 mars 1910.

Le Préfet,
AUTRAND.

ÉTAT prévisionnel des dépenses à effectuer par le Service municipal de désinfection (Annexe à la circulaire ministérielle du 29 janvier 1907).

CATÉGORIES	NATURE DES DÉPENSES	TOTAUX par CATÉGORIES		OBSERVATIONS
		FR.	C.	
	(a) **Fonctionnement.** — **Dépenses.**			
A	Personnel : Chef de service			
	Agents	5.000	»	
	Frais de déplacements			
	Frais de bureau	200	»	
B	Désinfectants	500	»	
C	Locaux	200	»	
D	Appareils	300	»	
E	Matériel courant	»	»	
F	Transport des appareils	»	»	
	do des objets à désinfecter. . .	»	»	
G	Divers	»	»	
	Frais de laboratoire	»	»	
H	Indemnité pour destruction d'objets .	200	»	
	Ensemble des dépenses	6.400	»	
	Recettes (produit des taxes) à déduire.	1.000	»	
	Montant net des dépenses	5.400	»	
	(b) **Dépenses d'organisation.**			
A	Terrains	»	»	
B	Locaux	20.000	»	
C	Appareils	6.000	»	
D	Gros matériel	»	»	
	TOTAL.	26.000	»	

Dressé pour être annexé à l'arrêté portant règlement pour le Service de la désinfection, approuvé par délibération du Conseil municipal, en date des 28 juin et 13 décembre 1909.

A l'Hôtel de Ville, le 13 Décembre 1909.

Le Maire de Versailles,
BAILLET-RÉVIRON.

www.ingramcontent.com/pod-product-compliance
Lightning Source LLC
Chambersburg PA